Amor de Dios en Poesía

Amor de Dios en Poesía

❖

Ana María Castellanos de Anchondo

Número de Control de la Biblioteca del Congreso de EE. UU.:   2015902151
ISBN: Tapa Dura   978-1-4633-9879-8
                    Tapa Blanda   978-1-4633-9993-1
                    Libro Electrónico   978-1-4633-9994-8

Fecha de revisión: 10/02/2015

Para realizar pedidos de este libro, contacte con:
Palibrio
1663 Liberty Drive
Suite 200
Bloomington, IN 47403
Gratis desde EE. UU. al 877.407.5847
Gratis desde México al 01.800.288.2243
Gratis desde España al 900.866.949
Desde otro país al +1.812.671.9757
Fax: 01.812.355.1576
ventas@palibrio.com
699628

Índice

Agradecimiento

Agradezco a mi Señor Jesucristo esta oportunidad de transmitir a otros, lo que en Él he encontrado; agradezco también a cada uno de mis familiares, en especial a mi esposo Octavio (con esa disposición única de apoyarme en lo que yo haga), a mis hermanos, amigos y personas que me rodean, quienes son en cada momento, la fuente de mi inspiración, como lo expreso en el poema *En Pos del Fruto* (página 49). Gracias por esos pequeños detalles, que hacen de la vida, lo mejor.

Gracias, Dios mío, porque lo que me Has dado, ha sido siempre el complemento perfecto para mi vida, en particular cada nuevo regalo que sé ha venido de Ti, siendo los más grandes: Mariane, Adrián, Tavo, Marta, Mariela, Omar, Kimberly Ann, Edwin Gadiel, Anamarie, Mariane Elizabeth, Darwin Marcel y más que en lugares celestiales ya Has bendecido y que Octavio y yo esperamos en Ti…

¡GRACIAS!

Ana María Anchondo
"Mayí Castellanos"

Resumen Del Libro

Comenzaré por explicar el águila en la portada: Dios Mismo Se compara (Apocalipsis 12:14) y nos compara (Isaías 40:31) a esa majestuosa ave y algo de ello se discierne en el poema *Bajo la Sombra de Sus Alas* (página 25). La portada fue realizada por el pintor Ernesto Rivas Castellanos, utilizando la técnica de acrílico sobre tela.

El conjunto de estos poemas es el resultado de la inspiración en actividades dedicadas al Señor; *Amor de Dios en Poesía* es la sinopsis de una relación con el Señor... Es el amor de Dios, por Dios y para Dios... Es el amor expresado de Espíritu a espíritu y viceversa... Es el amor que se transmite vía espíritu-alma-cuerpo y que después es activado en todo nuestro ser, plasmándose en distintas formas, siendo una de ellas, la poesía en rima.

La *rima* y *cadencia* en un poema es como la música en un canto; el lector notará dos estilos de rima en estos poemas: rima encadenada y rima abrazada.

- Encadenada, cuando la rima en un verso de cuatro renglones, aparece haciendo consonancia al final de los renglones primero y tercero, alternando con el segundo y cuarto.
- Abrazada, cuando la rima en un verso de cuatro renglones, aparece haciendo consonancia al final de los renglones primero y cuarto, alternando con el segundo y tercero.

Por otra parte, la cadencia en un poema es la distribución proporcionada al combinar acentos y pausas, haciendo más agradable al oído la medida del sonido.

Amor de Dios en Poesía es para toda alma amada por Dios que desee sentir y expresar ese amor de manera que, en vez de quedar oculto y hacer implosión, haga explosión, como se expone en el poema *"Dunamis" del Espíritu* (página 16).

Ana María Anchondo
"Mayí Castellanos"

Prólogo De Un Apóstol

Las Sagradas Escrituras nos dan, por medio de los Salmos, en el «*tanaj*», un conjunto de poesía hebrea que nos trae una revelación espiritual de lo "Grande y Sublime" que es nuestro Dios. En ellos encontramos expresiones de alabanza, de acción de gracias, de lamentaciones, de súplicas, de didáctica y sabiduría; y expresiones mesiánicas que nos traen revelación de la inmensa dimensión de Dios.

Esa "Inspiración Divina", la experiencia que se recibe por gracia de parte de Dios, la vemos en nuestra Hermana Ana María Anchondo, quien al ponerla con tinta y papel en un volumen, hace posible el deleite y bendición espiritual de muchos. Ello nos da confirmación de que estos "pensamientos", no son solamente de ella, sino que provienen "de arriba", "...del Padre de las luces, en El Cual no hay mudanza, ni sombra de variación" (Sant. 1:17). Como siervo de Dios, es para mí un privilegio escribir estas notas; y de esta manera, dar testimonio del "don" con el cual Dios ha querido premiarla.

Atte.,

José Luis Lozano, Pastor

Iglesia Apostólica de Washington, D. C.

¿Cómo Te puedo Exaltar?

Encuentro en mi alma un deseo
de exaltarte, mi Señor:
Será en mi vida apogeo,
al adorarte en loor...

Eres en todo un Gigante
y yo, anhelo alcanzar
ese punto culminante
donde no es fácil llegar...

Si elevo Tus propios frutos
ante Tu Gran Majestad,
podré decir: "yo disfruto
Tu gloria e intensidad".

Mi cuerpo solo no puede
llegar a Tu exaltación:
Necesito que se quede
en completa humillación…

Que con anhelo de mi alma
derrame toda mi euforia
y dejando atrás la calma
me apresure a ver Tu gloria…

Que no sea solo mi alma
con quien persista exaltar...
Que utilice en Ti otra arma
y logre hasta el fin llegar...

¿Exaltarte, siendo Excelso,
con solo mi alma?... —¡Imposible!..
Mi espíritu en tal proceso
hará un logro imprescindible:

Que sea todo mi ser...
de mi espíritu en esencia,
el que realice el poder
¡de exaltarte en Tu Presencia!

✦

"Dunamis" del Espíritu

Si ante Dios me manifiesto
con toda fuerza y poder
es señal que hay en mi ser
un espíritu muy presto.

Es sublime conexión
de una chispa que saltó
y hasta el cielo llegó
al arder en combustión.

Es de Dios la dinamita
que nos impulsa a vivir,
inyectando Su sentir
en nuestro ser que Él habita.

Sin Su explosivo habría
en mi interior, implosión
y esa falta de presión
solo me derrumbaría.

Mas Su "dunamis" tenemos
por la gracia que Él nos da,
para guiarnos allá…
a encontrar nuevos terrenos.

Su divino combustible
nos introduce energía…
nos quita esa apatía,
haciendo todo posible.

Necesito de Su unción…
que al encenderme por dentro,
la dinamita en mi centro
se convierta en explosión.

Así, podré yo quemar
en holocausto mi vida,
liberando mi energía…
¡Haciendo el mundo vibrar!

+

Perfume a Tus Pies

Buscándote agradar
siento en mí un deseo ferviente...
Hallar un digno presente
que hasta Ti pueda llegar...

Un buen bálsamo sería
de este árbol la fragancia,
que al fluir fuera flagrancia
y aroma ardiente daría.

Solo puedo ofrecerte
lo que en amor ya me has dado…
Con cuidado la has guardado:
es mi vida que se vierte.

Lloviendo sobre la mies
se levanta la cosecha…
Y estando firme en la brecha
*seré **perfume a tus pies.***

Es difícil perfumar
lo que ya es perfume en sí…
¡Cuánto más si es a Ti,
que Eres Digno de adorar!

Eres Santo y ¡tan grato!...
No necesitas incienso,
ni el perfume más intenso
que satisfaga Tu olfato.

Mas necesito rendirme
siguiendo siempre Tu rastro...
Que se quiebre mi alabastro
y en Tu presencia sumirme...

Que de cabeza a mis pies
sea yo toda una ofrenda...
Que mi vida entera, en prenda,
¡sea perfume a Tus pies!

✦

Siguiendo Su caminar

Hasta Dios podré llegar
buscando lo espiritual…
Cuyo trayecto es vital
Siguiendo Su caminar.

En mi espíritu está ansiar
con Su Espíritu el contacto:
Enlazando lo perfecto…
Siguiendo Su caminar.

Solo podré traspasar
este plano natural
y encontrar lo espiritual
Siguiendo Su caminar.

El propósito es andar
sin soltarme de Su mano:
Llevando un porte lozano...
Siguiendo Su caminar.

Aprenderé a capturar
lo eterno que no es visual:
Jesucristo lo hace real,
Siguiendo Su caminar.

Junto a Él podré nadar
en fresco río de cristal,
refrigerio celestial,
Siguiendo Su caminar.

Dejándome al fin llevar
por oleaje en mar virtual...
Brillaré en un caudal,
Siguiendo Su caminar.

Después, Su Rostro mirar
en el reino magistral:
Vida sobrenatural,
¡Siguiendo Su caminar!

✦

Bajo la Sombra
de Sus Alas

¡Es tan grande mi Señor!...
De inescrutables designios...
Teniéndome en pundonor,
Quiere que ande en Sus dominios.

Para que yo Lo comprenda,
al águila Se compara:
Así, Se da Todo en Prenda
y con Sus alas me ampara.

No hay un plumaje más suave
que el que protege mi andar...
Y es porque viene del Ave
que hoy me enseña a volar.

Cuando el peligro me acecha,
en Sus alas yo me escondo...
Su sombra cubre la brecha
y es regocijo mi asombro.

Si un día caigo al vacío,
cual aguilucho del nido,
es mi vida en desafío
y yo en Sus alas me anido.

Si estoy muriendo de frío,
no olvido que soy Su hija
y en mi Padre yo confío...
Con Sus alas me cobija.

Es tan inmenso Su amor,
que al decirle "no me deje"
me inunda con Su calor
y en Sus alas me protege.

Gracias a Dios por Sus alas
cuya sombra hoy me abriga:
Son a la postre dos galas
¡de mi Dios, Águila amiga!

✦

Que Tu Luz brille en mí

Deseando tanto de Ti,
en oración hoy Te pido:
Pon mis faltas en olvido
y **que Tu Luz brille en mí.**

Que cual brillo de una estrella
sin tener ella luz propia,
sea yo una digna copia
y con Tu Luz haga huella.

Que no sea lo que yo quiero,
sino en Luz, Tu voluntad:
de esa Luz, Tu intensidad
ilumine mi sendero.

En Tu Luz inaccesible
solo Tu Ser puede estar,
pero aun haces brillar
lo que de mí no es posible.

Ayúdame a ser luz del mundo,
como está escrito, Señor…
Que en las luchas y el dolor
sea mi amor más profundo.

¡Resplandecer si vencí
enarbolando lo bello!…
Gracias será a Tu destello:
¡Haz que Tu Luz brille en mí!

✛

Señor:
Envuélveme en Ti

Ya templo soy de la esencia
de Tu Espíritu en mí…
Así Te envuelvo yo a Ti
y tengo en mí Tu presencia.

Mas si Eres Tú Quien me envuelve,
Tu Espíritu manifiesta,
haciendo en mí una fiesta,
los conflictos que resuelve.

Envuélveme en Ti, mi Señor:
Más que sentirte en mí,
quiero sentirme yo en Ti,
disfrutando de Tu amor.

Una cosa es sentir
de Tu Espíritu la esencia,
dentro de mí Tu Presencia,
con Tu Presencia vivir...

Otra más es el tenerte
no solo dentro de mí:
Señor, envuélveme en Ti,
para poder retenerte.

Cuando me envuelves, me abrazas,
sumergiéndome así en Ti...
De Tu calor hay en mí
y con Tus brazos me lazas.

Al sumergirme me envuelves
y con Tu amor me bautizas,
incertidumbre haces trizas
y toda duda disuelves.

De Tu Espíritu derramas
y al recibir yo el bautismo
de Tu Espíritu en mí…
Nada ya será lo mismo.

Al recibir Tu bautismo
todo lo malo se va…
El nuevo hombre dirá:
"Desde hoy no soy el mismo".

¡Es tanto lo que me amas!…
¡Señor: Envuélveme en Ti!

✦

Nunca Dejes de Creer

Con fuerza y fe ejercer
la sagrada vocación,
implica dedicación:
Nunca dejes de creer.

Si quieres siempre vencer
fuertes luchas en tu vida,
haz oración sin medida...
Nunca dejes de creer.

Cada nuevo amanecer
Dios nos da misericordia:
Diario en Él habrá concordia...
Nunca dejes de creer.

Si en tu casa ansías tener
la salvación del Señor,
a Su Palabra haz honor:
Nunca dejes de creer.

Si aspiras de Su poder
milagros y sanidades,
no busques otras "verdades":
Nunca dejes de creer.

Si en lo adverso deseas ver
la fuerza que hay del amor:
Más, viniendo del Señor...
Nunca dejes de creer.

Abócate a agradecer
lo que al creer, te dará:
En fe se realizará...
Nunca dejes de creer.

Cadenas has de romper
cuando estás en la verdad...
Habrá entonces libertad:
Nunca dejes de creer.

Cuando olvides el ayer
caminando hoy con fervor,
habrá un mañana mejor:
Nunca dejes de creer.

Si tu visión es crecer
y más en lo espiritual,
recuerda lo que es crucial:
¡Nunca dejes de creer!

✦

¿Quién soy?

"¿Quién dicen ustedes que Soy?"
Preguntó un día el Señor...
Les hablo del Gran "Yo Soy":
Nuestro Padre y Redentor.

No preguntó Él por saber,
pues Dios ya todo lo sabe:
Solo quería hacerte ver
de Su identidad, la clave.

La importancia de saber
Si fue Él Quien te engendró...
De Su Nombre conocer...
Si por ti, la vida dio.

Al buscar de Su verdad
y también saber quién eres,
Dios te dará identidad:
Si es que sabes en Quién crees.

Entonces dirás con fervor:
"A donde me lleves, voy...
En Ti creo, mi Señor...
Fui sellada y tu hija soy".

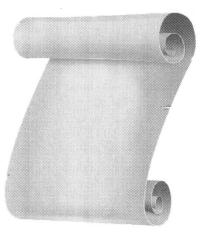

"Me distingues con un sello
desde que creí en Ti...
Ahora soy un destello
de lo que Has hecho en mí".

Al saber ya quién yo soy,
se aleja todo temor,
parada en la Roca estoy
y me envuelves con Tu amor.

Al recibir de Tu amor,
me bendices donde estoy,
de Tu gloria soy loor:
¡Linaje del Rey yo soy!

Si en mí hay avivamiento...

Si en mí hay avivamiento...
podré ejercer el poder
que el Señor pone en mi ser:
realizar lo que presiento.

Si en mí hay avivamiento...
también habrá voluntad
y con Dios y Su Verdad,
será un hecho todo intento.

Si en mí hay avivamiento...
tendré el mundo a mis pies,
cosechando en Dios la mies,
aun contra marea o viento.

Si en mí hay avivamiento
y mi cabaña se extiende,
llevaré mi pan por ende,
al desvalido y hambriento.

Si en mí hay avivamiento...
Mi territorio en Él crece,
mi espíritu se estremece
y Su gloria en mí ya siento.

Si en mí hay avivamiento…
No es porque sola he vencido:
es que mi Dios siempre ha sido
el Castillo de mi asiento.

Si en mí hay avivamiento
y no se apaga este fuego,
sino con chispas lo riego
y con Su amor lo sustento…

Si en mí hay avivamiento
y el fuego sigue encendido…
es porque a Dios he ofrecido
¡brindar mi último aliento!

Transformados en Su Presencia

Desde que a Dios recibí,
mi vida ha ido cambiando:
mi corazón yo Le di...
y Él me sigue transformando.

Metamorfosis del alma
al renovar nuestra mente...
Dios nos transforma en un arma:
Para Él, digno presente.

A **Dios con nosotros** vi,
lo que es igual: **Emmanuel**...
Pensé: "Está Dios en mí,
mas, ¿acaso estoy en Él?".

Al estar en Su presencia
transforma Dios nuestro ser...
nos impregna de Su esencia
y nos inyecta poder.

De Su poder yo reclamo
si en Su presencia estoy,
pues el Gran Rey Soberano
me ha adoptado y Su hija soy.

Si hemos sido transformados,
compartamos con la gente:
espigas de Dios amadas
marcarán lo diferente.

Espigas que Dios transforma
mezclando aceite con agua,
pues estando en Él, se forma
pan que Su Corazón fragua.

Ya transformados, logramos
en Cristo una gran cosecha…
Y del reino disfrutamos
¡con Su Presencia en la brecha!

Vino nuevo en odre nuevo

Un propósito hay en ti
desde que Dios te creó
y de ahí yo aprendí
lo que ello nos legó…

Así como el vino nuevo
en nuevo odre se vierte,
en tu ser no es un placebo
lo que el Espíritu invierte.

Es energía que te da
la fuerza para vivir
estando acá o acullá,
de Dios el mismo sentir.

Si crees que vieja eres
para tener nuevo vino,
debes saber que Él te quiere
y dirige tu destino.

Tu desgaste se comprueba
con el paso de los años,
pero tu alma se renueva
en el amor sin engaños.

Aunque tu ser se desgasta,
Convierte Su sangre en vino…
Ante el mal decimos: "¡Basta!",
pues tomamos de Su vino.

El odre nuevo está listo
para contener el vino
que vierte en Su sangre Cristo,
¡mientras ando en Su camino!

✦

Armas de esta velada

¡Qué privilegio es, Señor,
ser parte de esta velada!...
Que en contra del tentador
es arma, en oro forjada.

En ella a la vez portamos
tres armas más que en poder,
con fuerza y fe abrazamos
para en la lucha vencer:

La primera es Tu Palabra
que como herencia nos diste...
Que el corazón siempre se abra:
Por ello nos redimiste.

La segunda es la oración
que nos lleva a Tu presencia…
¡Qué gran comunicación
que no requiere de ciencia!

La tercera, Tu alabanza,
donde sin duda Tú habitas…
Nos brindas de Tu confianza
y a Tu mansión nos invitas.

Con destreza hemos de usar
las armas de esta milicia…
Y hasta Tu trono llegar
*¡**guiados por Tu pericia**!*

✦

En pos del Fruto

Era una idea en la mente,
con trabajos concebida…
Hoy es un logro latente
en la escala de mi vida.

Esta gran felicidad
es el fruto, no de mí:
Dios la hizo realidad
desde el día en que nací.

Fue entonces cuando Él me dio
una madre que me guiara
y con cariño cuidara
lo que en años floreció.

A mi lado también puso
alguien más que supo darme,
apoyo presto y profuso
y en amor, cultivarme.

A ustedes que me apoyaron
para llegar hoy aquí,
quiero decir que aportaron
lo que por Dios recibí.

Los consejos que me dieron
penetraron en mi ser...
Siento confianza y poder,
para logros que infirieron.

A Dios mi agradecimiento,
a mi familia y amigos...
De la higuera hubieron higos...
de retoños, el cimiento.

El compromiso me esfuerza
como árbol fuerte, a vencer:
Que mi tronco no se tuerza...
¡Y haya un continuo crecer!

Mi espíritu habla...

Siento ahora no estar
en importante reunión
que me llena el corazón
al mil cosas recordar...

Lo que con Ninfa iniciamos
fue contrato de por vida:
Es algo que no se olvida
y año tras año apreciamos.

Cuando alguien del grupo falte,
tengan presente en su mente
que hay una que más lo siente
y es la que hoy está ausente.

Dios permitió reencontrarnos
y Él nunca Se equivoca:
lo que en cada una Él evoca
es en Su amor el tratarnos...

Más de Su amor quiere darnos,
día a día bendecirnos,
para poder más unirnos
y en ese amor saludarnos.

Deseo que hoy Su Presencia
Se manifieste en cada una...
que nunca falte, en ninguna,
¡la gloria que hay en Su Esencia!

✦

¿Dónde quedó el matrimonio?

*La institución que sagrada
Dios por gracia estableció,
en el mundo se enredó…
Y se ha tenido por nada.*

*"Unión libre" se ha llamado
al vivir sin compromiso,
creyendo que Dios lo quiso
y haciendo Su ley a un lado.*

*¿Consecuencias?… Las tenemos:
Aborto es la práctica diaria…
Otro hijo será paria…
¡Tristes ejemplos ponemos!*

*Ese **yugo** sí es pesado*
*en la vida **conyugal**…*
Es un acuerdo desleal
no responsabilizado.

El matrimonio es la honra
de dos seres que se aman
y desde su lecho claman
que no haya más deshonra.

¡Cuán dichoso es confiar
en el ser que a mi lado
toda su vida ha dado
y a quien amo, sin dudar!

Eres mujer valiente

Eres mujer valiente:
en esos tiempos de angustia,
darás ejemplo a la gente
y no serás una mustia.

Eres mujer valiente
porque Dios te capacita…
Él quiere que seas ferviente
y a Su milicia te invita.

Eres mujer valiente:
Dios prepara una guerrera…
Que cuando el otro te tiente,
lo rechaces sin espera.

Eres mujer valiente:
Nunca te das por vencida…
Luchando por tu simiente,
tú triunfarás en la vida.

Eres mujer valiente
y Dios te adiestra en la lucha…
Verás también por la gente:
¡Mira que la mies es mucha!

Eres mujer valiente…
Sé que vives en peligro
y mi alma dice lo que siente:
Tus méritos no denigro.

Eres mujer valiente
y Dios te ofrece una herencia…
Él no es hombre que te miente:
¡Solo confía con paciencia!

Eres mujer valiente
y por ello, Dios te entrona:
Tiene el darte de Su mente,
como premio, ¡una corona!

Como agua y aceite

Como el aceite y el agua,
Dios nos combina en esencia...
Nos pide tener paciencia,
cuando un matrimonio fragua.

Desesperan en la mente
desacuerdos de pareja:
Después de un tiempo, él la deja,
pues ve que es diferente.

No sabe que ser distinto
complementa el engranaje,
en piezas cuyo ensamblaje
irán a especial recinto.

Si el aceite por sí solo
al verterse llega al fondo
y yo, el agua, no me escondo,
sino en amor lo acrisolo...

Al sumergirme con él,
flotará como la espuma...
Disipando toda bruma,
así como acción en tropel.

Si ella es agua y tú aceite,
deben saber que el contraste
gusto y sabor dan al traste
y hacen tu vida un deleite.

Agua y aceite mezclamos
mientras los dos caminamos...
Uno al otro nos amamos,
¡y a nuestro Dios más honramos!

✦

La edad de los 40

¿Qué nos pasa a los cuarenta
en el amor y el sentir?...
"Mi marido se impacienta
y es difícil convivir..."

Son situaciones extremas...
Se nos presentan a diario:
"Con los hijos, más problemas...
En el trabajo, el salario..."

"A la edad de los cuarenta
mi esposo es un niño en casa:
Esperaré a los cincuenta…
A ver si entonces le pasa…"

"Aunque puede darse el caso
que sea un «conquistador»
y a mí no me tire un lazo…"
¡Líbrame Tú, mi Señor!

En cualquiera de los casos,
entre altibajos y luchas
no estamos para fracasos,
si en el Señor somos duchas.

Busquemos de Sus consejos...
Apliquemos Sus razones...
No nos quedemos perplejos,
enredados en tensiones.

Forjemos expectativas
en la comunicación
y no acciones furtivas
que traen desilusión.

Dios nos dé sabiduría...
De comprensión nos llenemos,
nos quite toda apatía
¡y con Su amor nos amemos!

✦

La Familia

Las familias hoy en día
se siguen desintegrando:
Otrora firme porfía...
Ahora están naufragando.

Al formarse, ellas creyeron
que con amor bastaría,
confianza se prometieron
sin saber que esta se iría.

Por ello es tan importante
convivir día con día,
disfrutando cada instante
de la vida, la alegría.

Es primordial el mezclar
al amor veracidad,
para dudas aclarar...
y tener siempre unidad.

Apreciar lo que hoy tenemos
sustentando nuestra vida...
Más a quien amor debemos,
curándonos toda herida.

No dar cabida al enojo
si sentimos que hay agravio...
Ser dulces como el hinojo
será mejor y más sabio...

Que siempre haya comprensión
entre hermanos prolijos…
También comunicación
entre cónyuges e hijos…

Al tomar hoy decisiones
que afectan a nuestros hijos,
controlemos emociones:
orígenes de acertijos.

Al presentarse un problema,
no lo tomemos "a pecho":
que en el futuro sea emblema
del cual saquemos provecho.

Que aprendamos la enseñanza:
luchar con tenacidad,
por adquirir la confianza
de obtener felicidad...

Que esta paz y armonía
sea apenas un esbozo
de lo que Dios nos confía,
para llenarnos de gozo...

Transmitir nuestra visión
con gracia a la descendencia,
que sepan bien su misión:
¡Es de su vida, la esencia!

Mujer: Tú vales mucho

Si te están hoy maltratando,
te hacen creer sinrazones
y alguien te está utilizando
en sus malas intenciones...

Si te han hecho creer
que en todo eres una torpe
y solo mereces tener
insulto y golpe tras golpe...

Si no has sido valorada
y sientes que así es la vida:
que existir no vale nada
pues naciste desvalida...

Si el príncipe de los sueños
que de niña un día tuviste…
¡hoy terror!: es ogro y dueño
del amor que tú le diste…

Si crees que ya no puedes…
Que todo se ha perdido:
Que te atrapó en sus redes
y nada tiene sentido…

Debes saber que un rescate
fue pagado ya por ti…
Te toca ahora el desquite:
Que tu alma hable por sí.

Lo primero es confiar
en Dios Quien te ofrece un trato…
enseguida no callar
y denunciar el maltrato.

Lo que Dios hoy te propone
es que sigas Su camino…
que el pasado se perdone
y cambies ya tu destino.

El precio por ti pagado
fue regalo de Jesús…
Mas deja ya tu pasado:
Por ello murió en la cruz.

Él no quiere que tú sigas
en tal zozobra y en ansia,
pues murió para que vivas
y lo hagas en abundancia.

Dios pone ante ti los medios
y para ello la gente
que te ayude en los asedios,
pero debes ser valiente.

Tú vales mucho y Le pido:
"Haz mi Dios, que se decida
quedando todo en olvido…
¡Por favor, cambia su vida!".

Ámate

Hay un grande mandamiento
que nos marca la Escritura
y al cumplirlo con premura,
nos afirma en fundamento:

"A tu prójimo has de amar
como te amas a ti":
Dichoso, si eres así,
pues de tu amor podrás dar.

Solo si te amas darás
a tu prójimo el amor:
Haciendo un mundo mejor,
más amor recibirás.

Imprescindible es amarte,
saber que en ello tú vales
y en conceptos tan vitales
con medida valorarte...

El amarte no es tener
una mayor autoestima
porque llegaste a la cima
al mil proezas hacer...

Es la humildad que te ensalza
y Dios Quien te da el valor:
Que para Él sea el honor
y no haya conducta falsa.

Lo que vales es cuantioso,
pues Alguien pagó por tu vida,
da a ese precio cabida
y tu amor será valioso.

Ámate, que vales oro
si en el Gran Dios hoy confías…
Ya lo dijo Malaquías:
¡"Eres especial tesoro"!

¿Eres Macho...
o eres Hombre?

El macho se identifica
por solo ser masculino,
tomar más cerveza y vino,
mas eso no lo edifica.

El hombre que es verdadero,
no lo es por ser "más macho",
mas lo es desde muchacho
por ser cabal y sincero.

Te dicen que es hombría
someter a una mujer
a cualquier bajo placer
creyendo ser valentía...

No es valiente el que presume
porque aprovecha el poder,
mas el que sirve al quehacer…
en esto Dios lo resume.

Si amas a tu señora
es porque te amas a ti…
¡Qué bien si obras así!,
honrándola a toda hora.

¿Qué dices de ese maltrato
que le das a tu mujer,
cuando merece tener
el recuerdo de algo grato?

Y no es lo peor el mal rato
que le has hecho pasar,
mas la agresión que al llegar
se anida por largo rato.

En su corazón hoy mora
la secuela del dolor...
Dale ahora con amor
el valor que tanto añora.

El valor que tú le des
hablará de ti como hombre
y llegarás a la cumbre
para recoger la mies.

"Todo un hombre" tú serás
cuando sepas valorar
a esa mujer singular
en quien la gloria verás.

En adelante sabrás
que en todo hay una salida…
y no es ser macho en tu vida,
porque el amor es tenaz.

Dando amor, amor tendrás…
Esa es la ley de la vida…
Gana ya esta partida:
¡Siendo de Dios es veraz!

Trata de Blancas

Es increíble enterarse
de lo que es capaz la gente:
Por pocos pesos ganarse
hay un negocio vigente…

Lo llaman "trata de blancas",
siendo que el blanco es pureza…
Tú que lo haces, arrancas
un futuro, con vileza…

Jovencitas que de niñas
jugaban a ser princesas
y por aves de rapiña
en sus redes están presas...

¿No tienes madre, o hermanas?...
¿No tienes hijas que sueñan?...
¿Solo tienen tus entrañas
sentimientos de bajeza?

Pido a Dios que ya detengas
toda amenaza y engaño...
Que arrepentido hoy vengas
sin intención de hacer daño.

Sé que te habla tu conciencia
y que en el fondo lo sientes,
mas te invade la impotencia
y es a ti mismo que mientes.

No es verdad que tú no puedas
cambiar de rumbo tu vida:
como una pelota rueda,
Dios a ti te da cabida…

Decídete a entregar
con ganas tu corazón
y Dios te podrá llenar
¡de gozo con Su perdón!

✦

Reinas por Excelencia

Hay una realeza extrema
que el Señor desea en Su casa,
es parte de Su dehesa
y el motivo de este tema.

Así como reyes pondrá
para reinar en la tierra,
Dios a Sus fines Se aferra
y reinas también dará.

Para ese reino me instruyo
anhelando mi corona,
junto con cada persona
a quien por fe ya incluyo.

Al Rey de reyes imploro:
Su cetro en poder se extienda
y vivamos en Su tienda
tocando esa punta de oro.

Como la Reina Ester
que al tocarla demostró
estar dispuesta y logró
en fe aumentar su poder.

Al Señor plació en Su ciencia
eterno y bello designio:
El crear en Su dominio,
¡Reinas por Excelencia!

✦

Muchas Cargas... Un Propósito

Llegaste a mi vida un día
siendo tú tan diferente,
mas mi corazón y mente
tuvieron lo que quería.

Trajiste, al llegar, tus cargas
como yo traje las mías...
Transcurrieron unos días,
quitando penas amargas.

Mi Dios, con planes perfectos
fue puliendo nuestro amor...
Y viendo en ti, lo mejor,
se esfumaban tus defectos.

Lo que Él hizo fue quitar
de las cargas todo el peso
y aprendí en el proceso
lo que me quiso enseñar:

Las cargas todavía están,
pero ahora ya no pesan
y un propósito nos dejan:
nuestro amor aumentarán.

Y es que además está escrito
que si con fuerza Le amamos
y el corazón Le entregamos,
¡no habrá suceso fortuito!

Gracias doy a mi Señor,
por las cargas que aún tenemos,
de las cuales aprendemos,
¡y es a Él todo el loor!

✦

Dos Granitos de Arena

Eran Leslie y Jorge Armando
dos granitos de arena en el océano…
en el vaivén de olas tropezando,
mas ahora caminan de la mano.

Estas dos diminutas piedrecitas
que son tan distintas en presencia,
encuentran sus historias ya escritas
al ser tan afines en su esencia.

Las dos, a la vez se han pulido
y ello hace que luzcan su fulgor:
aunque son pequeñitas, han podido
crecer a lo grande en su interior.

Al estar juntas las dos ante el oleaje,
no habrá tormenta feroz que las aparte....
tampoco circunstancia que aleje
uno del otro, su bendita suerte.

El Espíritu de Dios hoy las conduce
como brisa del mar con suave viento...
cual susurro continuo se produce
con el soplo de vida de Su aliento.

Sepan los dos que Dios los ama
y en Su amor infinito ha permitido
que el amor se transforme en una llama
al frotarse entre sí, ¡cual fuego unido!

✦

Transmitiendo Bendición

En el cielo Dios bendice
el alma de cada ser…
Y en el vientre Él la viste
tiempo antes de nacer.

Gracias a Dios somos parte
de Su creación perfecta:
Pinceladas Su obra de arte,
cual trazos en línea recta.

Perdona si nos torcemos
al caminar en Su senda…
Solo derechito iremos
si no soltamos Su rienda.

Así como Él nos bendijo
para gloria de Su ser,
conduzcamos cada hijo
hacia un nuevo amanecer.

¡Qué compromiso tan grande
traer un hijo hoy al mundo!...
Que en integridad siempre ande
es un reto en plan rotundo.

De Dios el mismo sentido
que hubo en Su bendición,
a tu hijo sea transmitido
¡y a cada generación!

✦

Será Entonces...

(Efesios 4:13-16)

¿Cuándo estaremos unidos
todos en una mente...
Como metales fundidos,
aunque estrato diferente?

¿Cuándo podremos crecer
en perfección que porfía...
y edificar nuestro ser,
dando al Señor, alegría?

—Cuando sienta yo
el dolor del que ha sufrido
y no ignore
el pesar del oprimido...

—Cuando veas
virtudes y no errores,
admirando
en tu hermano sus valores...

—Cuando extienda
mi mano al desvalido
y aprecie lo que
en Cristo he recibido...

—Cuando al mirar pecadores
no critiques,
sino el bien que recibiste,
les prediques...

—Cuando aprenda yo a amar
a quien me agrede
y sepa perdonar
como Dios quiere...

—Cuando pueda pedir
que me perdones
y sepa humillarme
ante los dones...

—Cuando aprenda
de Cristo a ser humilde
y no quite a Su Palabra
ni una tilde...

—Cuando en vez
de ser piedra de tropiezo,
a mi hermano caído
yo dé acceso...

—Cuando entiendas
el amor que Dios te tiene
y que Él Mismo
por gracia te sostiene...

Será entonces que tendremos,
en armonía y unión,
el amor que Dios ofrece
y demanda con pasión.

Será entonces una mente
y un mismo parecer,
lo que traerá mucha gente
al Señor, Supremo Ser.

Será entonces que siendo uno,
como Dios en Sí lo Es,
todos unánimes, juntos,
¡Lo adoremos a la vez!

✦

Tu Victoria
Está en la Lucha

Dios designó un amor
entre el hombre y la mujer
que con pureza y honor
dignificara su ser.

Si en ese amor hay respeto,
en el trato comprensión
y toman juntos el reto
de vivir en comunión...

Será la honra en su vida
una mutua condición,
sanándose cada herida
uno al otro con perdón.

Mas con la honra, ¿qué pasa?
y el respeto, ¿dónde está?...
Si algo no está bien en casa
el amor pronto se irá.

No permitas que ello pase
llevando a pleito tu orgullo...
y menos que así fracase
un matrimonio: ¡Es el tuyo!

Lo instituyó Dios por ti,
que fuera un lecho sin mancha:
Con ambos dando de sí,
cual dos remos de una lancha.

Si percibes una grieta
aunque pequeña y estrecha,
repara tú esa treta
antes que sea grande brecha.

Mas si ya se hizo grande,
toma el reto sin temor:
haz lo que Dios te demande,
que hay recompensa mayor.

Desafíos aprovecha,
que el tiempo cual viento pasa…
No desperdicies la brecha
y restaura hoy tu casa.

¿Cómo puede haber victoria,
donde no haya habido lucha?…
Con tu amor ya has hecho historia
¡Y esa historia, Dios escucha!

✦

Mi Nueva Identidad

—Apocalipsis 2:17—

Dios da gran importancia
a saber mi nombre real
en el plano terrenal...
es parte de Su prestancia:

Hijo del hombre, da ejemplo
de Su identidad terrena...
Hijo de Dios, es la escena
de Dios Mismo, Eterno Templo.

Mi madre fue el conducto
que el Señor usó en el mundo...
Fue de Dios, amor profundo:
Resulté ser el producto.

Mi padre fue el elegido
para fundir un amor...
a Dios fue dado loor
y a mí me dio el apellido.

Tengo una identidad:
Me fue dada por un hombre...
de mi padre adopté el nombre
que aquí me dio potestad.

Mas hay otra identidad
que me ha sido reservada
de mi Dios, al ser Su amada...
y es por una eternidad...

Es mi nuevo nombre escrito
en el plano espiritual...
no hace falta algún ritual:
Es por Su Nombre, bendito.

Dios me tiene una piedrita,
a más del maná escondido:
para ello habré vencido...
con mi nombre está prescrita.

El que sea blanca me indica
un fundamento en pureza
y el nombre que ahí se expresa,
Santo Dios lo purifica.

Todo esto significa
una nueva identidad
que en Su amor y eternidad,
¡Dios Mismo la dignifica!

En Adoración

"¿Cómo poder adorarte?"
Alguien se preguntará...
—Todo estriba en amarte,
como Tú me amaste ya.

Para poder adorarte
y hasta Tu trono llegar,
debo antes exaltarte
siempre y en todo lugar.

¡Qué privilegio tan grande
el que en Tu gracia he tenido!...
Que en Tu presencia yo ande,
da a mi vida sentido.

Esa suprema alabanza
cual tesón de gran tenor
es el podio que me afianza
para adorarte, Señor.

Mi adoración será plena
cuando lo haga sin cesar
y en esta vida terrena,
nunca Te deje de honrar.

Mi espíritu a Ti adorando,
al enlazarme habrá visto
Tu Espíritu en mí obrando:
¡Tu gloria, mi Jesucristo!

En adoración ansío estar
reconociendo Quién Eres…
Me dispongo sin dudar,
sabiendo lo que requieres:

Tú buscas adoradores:
en espíritu estaré
y en verdad, por Ser Quien Eres
¡Adorando viviré!